AF263044

DISCOURS

PRONONCÉ PAR

M. LENGLÉ

Député de la Haute-Garonne

Le 24 Mars 1880

DANS UNE RÉUNION PRIVÉE

A BELLEVILLE

———

BIBLIOTHÈQUE NAPOLÉONIENNE

Victor **DAIREAUX**, ÉDITEUR

(Ancienne Maison Henri GUÉRARD)

156, RUE DE RIVOLI, PARIS

DISCOURS DE M. LENGLÉ

Messieurs,

Je serais presque tenté de remercier M. Delmas des critiques qu'il vient de produire à cette tribune. Son intervention nous a valu, outre le plaisir de l'entendre, une réponse de notre ami Robert Mitchell qui, en faisant justice des accusations portées légèrement contre l'Empire, a excité dans nos cœurs les sentiments du plus pur patriotisme.

Oui, ne trouvez-vous pas, comme lui, comme nous, qu'il est temps de cesser ces discussions stériles qui consistent à se jeter mutuellement à la face les souvenirs néfastes, les dates funestes de notre histoire? Il n'est point de parti qui n'ait quelque triste souvenir dans son passé. La vieille royauté féodale, le vieux gouvernement théocratique peut porter à son compte la Saint-Barthélemy ; les républicains peuvent mettre au leur la Terreur de 1793, les journées de juin 1848 et le 18 mars 1871.

Cessons donc de récriminer les uns contre les autres; mieux vaut conserver nos arguments et nos forces pour préparer l'avenir, mieux vaut nous unir dans une action commune, productive, féconde pour la patrie. (*Applaudissements.*)

De cette conciliation nécessaire, je veux vous donner l'exemple.

En arrivant sur ce mont Aventin de la démocratie parisienne, dans ce Belleville si calomnié, comme on vous l'a dit justement tout à l'heure, nous éprouvons tous le même sentiment : nous nous souvenons de ce traité de 1869, de ce contrat passé entre vous et le député qui vous représente encore aujourd'hui, de ce contrat qui vient d'être étudié et disséqué devant vous. D'Ornano vous a rappelé les promesses jurées et trahies, il vous a rappelé les programmes brillamment étalés et déchirés depuis, et vous avez applaudi.

Certes, vos applaudissements s'adressaient surtout, je le sais, à la chaude et communicative éloquence de notre ami; mais je soupçonne que vous avez voulu aussi marquer votre approbation et vous associer aux critiques et aux reproches dont il a criblé votre représentant.

Eh bien, permettez-moi de vous le dire, je trouve que, vous et lui, vous avez été trop sévères. (*Rires.*)

Ce n'est point à un homme seul, à un homme dont les responsabilités sont assez nombreuses et assez lourdes pour ne point chercher à lui en imposer de nouvelles, qu'il faut adresser vos reproches et vos blâmes. Notre arrêt dans la voie du progrès et des réformes, c'est moins à la mauvaise volonté de M. Gambetta qu'à son impuissance qu'il faut l'attribuer, et nous devons chercher les causes de cette impuissance dans l'infirmité même des institutions qui nous ont successivement régis depuis dix ans.

Ce n'est pas la première fois qu'à l'abri des grands mots de République et de Liberté, on fait à la France des promesses qui ne sont pas tenues. Je ne veux point chercher ce qu'il nous manque encore, après tant d'années écoulées, après tant de chemin parcouru, de cette Liberté, de cette Egalité, de cette Fraternité dont on parle tant et que l'on connaît si peu. Mais je voudrais examiner devant vous ce qu'on a fait, sous la République, pour vous faciliter l'existence et le travail, pour vous procurer les avantages matériels et moraux que doit à tous les citoyens un gouvernement vraiment démocratique.

Il y a trente-deux ans, une révolution éclatait; elle fut, je peux le dire, acceptée par la France entière avec enthousiasme, et, je salue son souvenir en passant, car elle a donné à mon pays le suffrage universel, cet instrument indispensable de la souveraineté du peuple. (*Applaudissements.*)

Les législateurs de cette époque firent une Constitution, et, au frontispice de ce monument constitutionnel, ils gravèrent ces paroles tentantes :

« La France s'est constituée en Républi-
« que. En adoptant cette forme de gouver-
« nement, elle s'est proposé pour but de
« répartir plus équitablement les charges et
« les avantages de la société et d'accroître
« l'aisance de chacun par la réduction des
« dépenses publiques et des impôts. »

Si ces promesses s'étaient réalisées, si ces paroles, au lieu de rester dans le domaine des idées généreuses, étaient devenues des faits accomplis, je serais peut-être républicain, et... je ne le suis pas ! (*Rires et bravos.*)

C'est que les hommes qui signaient ce préambule oubliaient que, peu de jours auparavant, le gouvernement provisoire avait grevé la France d'une imposition extraordinaire de 45 centimes, et ils ne se doutaient pas qu'ils allaient eux-mêmes, quelques mois plus tard, en établissant le premier budget de la République, accroître nos charges publiques de plus de 100 millions.

En effet, le budget de 1849 portait nos dépenses à 1,563 millions, alors que, dans le budget 1848, elles ne s'élevaient qu'à 1,450 millions. (*Bravos.*)

Vous vous rappelez les élections de 1869 et le plébiscite de 1870. Ce qu'on vous a dit alors des charges que vous imposait l'Empire, ce qu'on vous a promis de soulagement, au nom de la République, vous vous en souvenez !

Eh bien ! laissez-moi faire un simple rapprochement, une comparaison entre les chiffres du dernier budget de l'Empire et ceux du prochain budget de la République, entre le budget de 187 , voté en 1870 par le Corps législatif, et le budget de 1881, soumis en ce moment à la Chambre des députés.

En 1870, le chiffre des impôts directs et indirects s'élevait à 1,800 millions.

En 1880, il atteint presque 2 milliards 800 millions, c'est-à-dire qu'il a augmenté d'un milliard. (*Profonde sensation.*)

Oh ! je sais bien qu'il y a une objection, et M. Delmas l'a, par avance, indiquée tout à l'heure. Oui, dans ce chiffre sont compris les impôts de la guerre. Mais combien demandons-nous chaque année à l'impôt pour les dépenses de la guerre ? Un homme, dont l'opinion ne peut être récusée par les républicains, M. Thiers lui-même nous l'a dit : « Il « faut demander 450 millions à l'impôt. »

C'est donc 450 millions qu'il faut déduire d'un milliard, et il reste encore plus de six cents millions, que l'on peut porter sans crainte au compte de l'administration républicaine. (*Applaudissements.*)

600 millions, c'est une lourde charge,

d'autant plus lourde qu'elle est souvent bien inégalement répartie !

Oui, parmi ces impôts qui vous accablent, il en est qu'il faut modifier, transformer, supprimer, parce qu'ils sont perçus dans des conditions qui froissent tous nos sentiments d'égalité.

Je veux vous en indiquer quelques-uns ; nous les avons déjà dénoncés ailleurs, à la Chambre des députés, mais les propositions que nous avons faites à cet égard n'ont eu, je l'avoue, qu'un médiocre succès. (*Rires.*)

Nous avons demandé la diminution du droit de détail sur les boissons, cet impôt inique qui fait payer à l'ouvrier, lorsqu'il s'approvisionne de quelques bouteilles de vin chez le débitant, un droit équivalent à 18 0/0 de la valeur de son vin, c'est-à-dire trente-six fois plus que le propriétaire aisé, qui, s'il achète une pièce de vin de 600 fr., ne paye qu'un droit de circulation de 3 fr.

Nous aurions aussi voulu que l'on dégrevât la lumière du travailleur ; la majorité républicaine a bien songé aux huiles végétales, dont tout le monde n'est pas assez riche pour se servir, mais elle a oublié, négligé les huiles minérales, c'est-à-dire l'éclairage du pauvre, ce pétrole que l'on a sottement imposé, sous prétexte de punir les pétroleurs. (*Rires.*)

En attendant, et malgré nos réclamations, vous continuez à payer, et quand vous achetez un litre d'huile minérale, vous ne vous doutez peut-être pas que plus de la moitié du prix que l'on vous demande est absorbé par l'impôt.

Vous parlerai-je enfin de l'impôt sur le tabac ? Celui-là est juste, car c'est un impôt de luxe, mais tout impôt somptuaire qu'il soit, encore faudrait-il le répartir équitablement.

Eh bien ! dans l'état actuel, l'impôt sur le tabac est tout simplement un impôt progressif à rebours, c'est-à-dire que celui qui fume du tabac de mauvaise qualité paye plus que celui qui fume des cigares de choix.

Sur les cigares d'un franc, le droit n'est que de 25 à 50 pour cent, tandis qu'il s'élève à 350 et 380 pour cent sur le tabac ordinaire, sur ce modeste caporal que vous fumez dans vos pipes. (*Approbation.*)

Mais, dira-t-on, comment supprimer ou même diminuer ces recettes, alors que les dépenses augmentent toujours ?

Oui, cela est vrai, les dépenses augmentent, elles augmentent dans des proportions effrayantes. Si je reprends encore les deux budgets que je viens de comparer tout à l'heure, je rencontre des chiffres qui ont la plus pénible, la plus brutale éloquence.

En 1870, les dépenses du budget ordinaire, du budget extraordinaire et du budget sur ressources spéciales s'élevaient à 2 milliards 111 millions. En 1880, les dépenses des trois mêmes budgets montent à 3 milliards 776 millions. C'est donc une augmentation d'un milliard 665 millions en dix années de République ! (*Sensation prolongée.*)

Quand je dis « de République », ai-je bien le droit d'imputer à la forme républicaine les erreurs d'un gouvernement qui, par son origine et la nature de ses institutions, est plutôt la copie pâle et imparfaite du régime de Louis-Philippe ? (*Rires et approbation.*)

Quoi qu'il en soit, nous dépensons à l'heure qu'il est 1 milliard 665 millions de plus que sous l'Empire. Et, quelle que puisse être la part qu'il faille faire aux dépenses de la guerre et de la Commune, fût-elle de 600 millions, nous dépensons beaucoup, trop, beaucoup trop.

· Et il y a là une situation qui doit nous inquiéter tous, qui doit surtout vous préoccuper, vous qui par votre travail, aussi productif que modeste, êtes la force, la richesse, et comme la moelle de la nation.

C'est votre droit, c'est votre devoir !

C'est votre droit ; il est écrit tout au long dans la déclaration des droits de l'homme, cet évangile de notre foi politique : « Tous les citoyens ont le droit de constater « par eux-mêmes ou par leurs représentants « la nécessité de la contribution publique. »

C'est encore votre devoir, votre devoir envers vous-mêmes, envers vos familles, envers vos concitoyens, envers votre pays, car vous êtes tous des contribuables; nous ne sommes plus, en effet, à l'époque où, pour mériter cette qualification, il fallait être inscrit sur un des rôles de la contribution publique. Du moment où vous vivez, du moment où vous travaillez sur notre sol de France, vous êtes contribuables, puisque vous rencontrez l'impôt partout, à chaque pas, frappant les aliments qui vous nourrissent, les vêtements qui vous couvrent, les instruments qui servent à votre travail. (*Applaudissements.*)

Mais il ne suffit pas de critiquer, de blâmer, de déplorer une situation douloureuse, il faut chercher, il faut indiquer le remède.

Je vais essayer de le faire.

Il existe deux grands moyens de diminuer les charges publiques. Le premier, c'est de réduire l'importance des services civils, c'est de restreindre le fonctionnarisme, que l'on nous avait promis de faire disparaître, et qui a pris, depuis l'établissement de la République, un accroissement prodigieux. « Les contribuables, a dit Bastiat, travaillent pour satisfaire les besoins des fonctionnaires. » Si jamais la réflexion du grand économiste a été vraie, c'est aujourd'hui, car nous payons pour les traitements des fonctionnaires publics 60 millions de plus que sous l'Empire. Ces 60 millions, on pourrait déjà les rayer du budget, sans compter beaucoup d'autres millions qui rétribuent des situations inutiles et dont la France moderne, la France majeure et libre n'a plus besoin désormais. (*Bravos.*)

L'autre moyen dont je vous ai parlé, c'est la conversion de la rente.

Je ne veux pas vous faire une longue théorie de la conversion, que j'ai demandée à la Chambre des députés. Je tiens cependant à retenir votre attention quelques instants sur cette grande mesure d'utilité générale, parce que j'ai la conviction qu'elle est urgente, indispensable, parce que je crois qu'il est bon que l'opinion publique vienne à notre aide pour imposer aux pouvoirs publics une opération, dont le refus plus prolongé constituerait un véritable déni de justice à l'égard des contribuables. (*Approbation.*)

Pour vous bien faire apprécier ce que c'est que la conversion, je vous ferai une simple comparaison.

Un homme a besoin d'argent ; il se trouve dans une situation difficile ; l'argent est rare, il est cher, et, pour se procurer une somme de 1,000 fr., cet homme est obligé

d'emprunter au taux élevé de 6 pour cent.
Les années ont passé, notre emprunteur
a travaillé, la fortune a souri à son travail,
son crédit s'est affermi, et, d'un autre côté,
l'argent est devenu moins cher et moins rare. Il va trouver son prêteur et il lui dit :
«Vous m'avez rendu service, je vous en re-
mercie; mais aujourd'hui on m'offre la même
somme à un taux moins élevé, à 3 1/2 ou 4
pour cent. Voulez-vous que je vous restitue
vos 1,000 fr., ou voulez-vous m'en diminuer
l'intérêt? »

Est-il une proposition plus juste, plus
honnête? Ne trouvez-vous pas que l'homme
qui la fait agit en administrateur avisé, en
bon père de famille? Si, n'est-ce pas? Pourquoi alors voudrait-on que les députés, qui
sont les mandataires du peuple, ne traitas-
sent pas les intérêts du peuple avec le soin,
le zèle et l'intelligence que met cet homme à
défendre ses propres intérêts? (*Approbation.*)

En 1871, la France était malheureuse, elle
était affaiblie, diminuée par nos désastres ;
son crédit était limité, l'argent était rare et
cher. Il fallait pourtant emprunter.

On emprunta au taux énorme de 6 0/0.
C'était cher, très cher, pas trop cher cependant, car il s'agissait de la libération du
territoire et du rachat de la patrie. (*Applaudissements.*)

Depuis cette triste époque, la situation
s'est modifiée, notre crédit s'est raffermi et
nos fonds d'Etat sont à un taux qui varie
entre 3 80 et 4 20 pour cent.

Si aujourd'hui la France convertissait en
4 pour cent ses dettes 5 et 4 1/2 pour cent,
elle réaliserait une économie annuelle de
75 millions.

75 millions ! Ajoutez à ce chiffre les 60 millions que l'on pourrait d'ores et déjà arracher au chapitre des fonctionnaires, quelle charge énorme enlevée des épaules de la nation !

Réaliser ces deux opérations, c'est donner à l'Etat les moyens de supprimer les impôts exorbitants dont je vous ai parlé tout à l'heure, et, avec eux, un peu de cet impôt foncier qui pèse si lourdement sur nos camarades des campagnes. (*Bravos prolongés.*)

Et pourquoi ne pas faire la conversion, quand tous les peuples qui nous entourent viennent de l'opérer ?

On assure que les ministres de la République considèrent cette mesure comme impopulaire. On ne me fera jamais croire qu'une mesure qui aurait pour effet de supprimer 75 millions d'impôts puisse être une mesure impopulaire. (*Approbation.*)

Il est vrai qu'il n'y a pas que les contribuables, il y a aussi les rentiers. Certes, les porteurs de titres sont intéressants ; ils le sont surtout lorsqu'ils sont en même temps les prêteurs de la première heure, ceux qui ont eu la confiance et le dévouement. Mais ceux-là sont-ils donc à plaindre, quand ils ont, pendant dix ans, bénéficié d'un gros intérêt, qu'ils ont accru leur capital d'un sixième, et qu'ils conservent, en outre, l'immense honneur d'avoir rendu service à leur patrie ?

Je ne comprends donc pas l'hésitation du gouvernement, ou plutôt je crains d'en deviner les mobiles. Cette hésitation est comme l'image de la politique qui nous dirige, politique bourgeoise, opportuniste ou orléaniste, — cela est tout un; politique qui se laisse trop diriger par quelques-uns et qui, éblouie, fascinée par une couche brillante, mais peu profonde de notre société, semble oublier trop souvent les couches solides, compactes, laborieuses et dévouées dont se compose la masse de la nation. (*Applaudissements.*)

Non ! qu'on ne vienne pas nous parler de l'impopularité de la conversion ! Le gouvernement de l'Empire a fait la conversion en 1852, à une époque où il avait, certes, intérêt à compter avec l'opinion publique, au moment où il venait de solliciter la confiance du pays par un plébiscite, et où il allait, par un autre plébiscite, demander à la France de lui garantir sa durée. La France lui a répondu par 8 millions de suffrages. (*Applaudissements.*)

Oui, l'Empire a osé faire la conversion; il est vrai qu'il a osé aussi faire l'amnistie ! (*Bravos prolongés.*)

L'amnistie ! Ah! puisque j'ai prononcé ce mot, laissez-moi vous dire pourquoi nous avons dernièrement voté l'amnistie. Car nous sommes quatre, sur cette estrade, M. Robert Mitchell, M. le baron Dufour, M. de Loqueyssie et moi, qui avons réclamé cette grande mesure d'oubli.

Nous ne nous étions point, l'an dernier, associés à l'amnistie partielle, cette œuvre bâtarde, cette clémence mesurée, abandonnée au bon plaisir du gouvernement. Nous avions pensé alors que la république oligarchique qui nous gouverne n'était point de force à supporter une pareille responsabilité. Mais, du moment où le Parlement avait accepté le principe, il fallait en admettre toutes les conséquences. Nous nous sommes indignés de voir rentrer tous les hommes de désordre, tous les gros bataillons de la Commune et de voir laisser à la frontière tous les hommes politiques, tous les théoriciens dont le principal crime est peut-être, aux yeux des gouvernants d'aujourd'hui, de pouvoir devenir leurs successeurs de demain. (*Rires et bravos.*)

Ce n'est point, je l'avoue, un sentiment de sympathie pour les communalistes qui nous a amenés à voter l'amnistie pleine et entière ; ce que nous avons voulu, c'est protester contre les injustices commises ; ce que nous avons fait, c'est œuvre d'équité ! (*Applaudissements.*)

Et puis, il faut bien le dire, en réclamant une mesure de pardon et d'oubli, qui est dans les traditions de l'Empire, nous avons obéi au besoin d'apaisement et de pacification qui est au fond de tous les cœurs vraiment français !

Et cela m'amène à vous dire un mot des avantages moraux dont je vous parlais en commençant, qui vous sont aussi nécessaires que tant d'autres avantages matériels et que vous êtes en droit d'exiger de votre gouvernement.

Oui, la République ne vous doit pas seulement des garanties matérielles, elle vous doit des garanties morales, elle vous doit cette sûreté du lendemain, cet apaisement des esprits, ce calme sans lesquels votre travail, vos efforts ne peuvent point se développer utilement.

N'est-il point vrai que, les uns et les autres, nous en avons assez de toutes ces divisions, de toutes ces haines, de toutes ces rancunes, de toutes ces dénonciations qui nous constituent en état de lutte intérieure permanente ? (*Approbation.*)

On a dit que la République est le gouvernement qui nous divise le moins. Pour moi, je
n'ai encore vu que deux Républiques, mais je
soutiens que c'est la forme de gouvernement
qui nous divise le plus. (*Applaudissements.*)

Nous ne voulons avoir désormais qu'une
passion, celle de bien faire dans l'intérêt de
la patrie, celle de mieux faire les uns que les
autres, et cette passion-là, soyez-en sûrs,
elle ne peut point porter atteinte aux sentiments d'estime et d'affection que les citoyens d'un grand pays se doivent entre
eux. (*Bravos.*)

Pour arriver à cette pacification nécessaire, il n'y a qu'un moyen, un moyen que
vous avez entre les mains, et ce moyen, le
seul qui existe, le seul que je connaisse,
c'est l'Appel au peuple. (*Applaudissements.*)

Aidez-nous donc à obtenir, par les voies
constitutionnelles, cet appel direct à la nation, qui est le droit du peuple !

Lorsque viendront les élections prochaines, il faut que, nous candidats et vous
électeurs, nous nous entendions sur cette
question primordiale.

Il faut que vous exigiez de nous l'engagement de vous rendre la plénitude de l'exercice de votre souveraineté.

Et ne craignez rien, quoique nous le jurions
à Belleville, notre engagement nous le tiendrons ! (*Rires et applaudissements.*)

Et quand la nation aura parlé, quand elle
aura exprimé sa volonté directement, nettement, sans équivoque et sans ambages, qui
donc osera, je vous le demande, désobéir au
peuple français ? (*Bravos répétés.*)

Quel sera le verdict du pays ? Dieu et la
France seuls le savent !

Mais cette décision, telle qu'elle soit, pour ma part, je l'accepte d'avance ; elle ne pourra que nous réjouir, car le gouvernement qui sortira de l'Appel au peuple, de quelque nom qu'il se nomme, sera un gouvernement fort et démocratique, un pouvoir qui, étant élu par le peuple, ne gouvernera que pour le peuple. (*Sensation prolongée.*)

J'ai cependant une espérance.

Oui, j'espère qu'à cette heure solennelle, la démocratie française se rappellera qu'il y a au monde une famille dont le sort est intimement lié au sien ; elle se souviendra que cette famille s'est toujours élevée et est toujours tombée avec elle.

Elle se souviendra de 1815, de cette époque néfaste où, en même temps que les Napoléons étaient chassés de France, la réaction royaliste et cléricale renversait la démocratie.

Elle se souviendra de 1870, de cette heure fatale qui consommait la chute des Napoléons et qui préparait la réaction oligarchique dont, aujourd'hui encore, les efforts arrêtent l'épanouissement de la démocratie.

Et la démocratie française aura cette vision de l'avenir, cette intuition de son salut, qu'ont eue nos pères au commencement du siècle et que nous avons eue nous-mêmes en 1848 ; elle fera éclater, par ses millions de voix, cette vérité qui est au fond du cœur de la plupart d'entre vous, cette vérité qu'a proclamée jadis un grand poète républicain : « NAPOLÉON, C'EST LE PEUPLE. » (*Applaudissements prolongés.*)

Paris. — Imp. F. DEBONS et Cie, 16, rue du Croissant.